Weihnach…
von Barba…

THICH NHAT HANH

Du bist ein Geschenk für die Welt

THICH NHAT HANH

Du bist ein Geschenk für die Welt

Achtsam leben jeden Tag
Ein Begleiter für alle Wochen des Jahres

Mit einem Vorwort von Sr. Annabel

Fotografien von Lothar Hennig

Kösel

Verlagsgruppe Random House FSC® N001967
Das für dieses Buch verwendete FSC®-zertifizierte Papier
Condat Silk liefert Condat, Le Lardin Saint-Lazare, Frankreich.

4. Auflage 2013

Umschlag: fuchs_design, Sabine Fuchs, München
Umschlagmotiv: Lothar Hennig, www.lotharhennig.de
Text- und Bildauswahl: Heike Mayer
Quellen- und Bildnachweis siehe Buchende
Druck und Bindung: Kösel, Krugzell
Printed in Germany
ISBN 978-3-466-30894-1

Weitere Informationen zu diesem Buch und unserem
gesamten lieferbaren Programm finden Sie unter
www.koesel.de

Ein Lehrer kann dir die Wahrheit nicht geben.
Die Wahrheit ist bereits in dir.
Du musst dich nur öffnen – Körper, Geist und Herz.

Thich Nhat Hanh

Vorwort

Sie, ebenso wie auch die Bäume oder die Blumen, sind ein Geschenk für die Welt. Bitte versuchen Sie nicht, jemand anderes zu werden. Sie sind wundervoll, so wie Sie sind. Ein Teil Ihrer Schönheit ist Ergebnis dessen, was Ihre Vorfahren an Sie weitergegeben haben, ein anderer Teil Ihrer Schönheit entstammt dem Leid, das Sie erlebt haben und das Sie in der Lage waren, zu verwandeln. Genauso, wie Blumen noch schöner werden, wenn der Gärtner Kompost ausbringt, so können wir schöner werden durch das, was wir aus Leid lernen. Es ist ein Geschenk, in der Lage zu sein, jeden Tag in Achtsamkeit zu leben, und dieses Buch mit seinen wunderschönen Bildern ist ein Geschenk, das Sie jemandem machen können, den Sie lieben – und das könnten gut auch Sie selbst sein.

Der Autor dieses Buches ist ein vietnamesischer Zen-Mönch, der ein einfaches Leben in seinem Heimatkloster im Südwesten Frankreichs führt und der durch die ganze Welt reist, um die Kunst der Achtsamkeit zu lehren. Sie kennen ihn vielleicht als Thich Nhat Hanh. Seine Schüler und Schülerinnen nennen ihn auch Thây. Er steht jetzt in seinem 85. Lebensjahr und in seinem 68. Jahr als Mönch und hat viel erlebt: die französische Besatzung Vietnams, das brutale Diem-Regime, die amerikanische Invasion und die Auswirkungen dieses Krieges mit dem Exodus hunderttausender Flüchtlinge, die als sogenannte »Boatpeople« versuchten, das Land zu verlassen und von denen so viele ertranken, und schließlich sein eigenes Exil, als ihm die Rückkehr in seine Heimat verwehrt wurde. Während all dieser Zeit hat er in Achtsamkeit gelebt und getan, was er konnte.

Seine einfachen Lehren, die auf seinem Verständnis des Buddhismus basieren, haben Menschen auf der ganzen Welt Erleichterung und Freude gebracht. Er hat die Lehren des Buddha in konkrete Übungen und Methoden überführt, die in der Lage sind, das globale Leid unserer Zeit zu verwandeln. Angst, Frustration, Ärger und Verzweiflung ebenso wie das weltweite Leid angesichts von Umweltzerstörung, Terrorismus, Anti-Terrorismus, Armut, dem Zerbrechen von Familien und Aids werden von diesen Lehren angesprochen und durch sie geheilt.

Unser persönliches Glück ist nicht getrennt vom Glück der ganzen Welt. Wir machen uns auf einen spirituellen Weg, um

Leid zu verwandeln und um wahres Glück und wahre Freiheit für uns und andere zu schaffen.

Einen spirituellen Weg zu haben heißt nicht, dass wir einer bestimmten Religion oder einem bestimmten Glauben anhängen müssten. Thây hat von sich gesagt, er sei ein Buddhist, der nicht im Buddhismus gefangen ist, und Sie können ein Christ sein, der nicht im Christentum gefangen ist. Wenn Sie das Wort Buddha in diesem Buch lesen, möchten Sie sich vielleicht daran erinnern, dass der Name »Buddha« einen Menschen bezeichnet, der wach ist, aufmerksam, achtsam. Neben dem historischen Buddha tragen wir alle diesen Buddha in uns.

Thich Nhat Hanh hat immer einen spirituellen Weg gelebt und praktiziert, der sich in der Welt engagiert, der etwas mit den Problemen zu tun hat, denen wir uns gegenübersehen, und den wir in unserem Alltag umsetzen können. Kürzlich gründete er das Europäische Institut für Angewandten Buddhismus im Nordwesten Deutschlands als einen Ort, an dem wir lernen können, buddhistische Lehren anzuwenden, um mehr Frieden und Glück in alle Bereiche unseres Lebens zu bringen.

Dieses Buch hilft uns, uns daran zu erinnern, dass wir die spirituelle Dimension unseres Lebens jeden Tag und zu jeder Stunde entfalten können. Die Art, wie Sie Auto fahren, Ihre Hände waschen, das Frühstück machen oder sich während einer Besprechung zu Wort melden – all das kann Ausdruck Ihres Geistes sein.

Im Kloster haben wir eine Glocke, die wir jede Stunde hören. Wenn wir von unseren täglichen Aufgaben und Aktivitäten davongetragen werden, dient sie uns als Erinnerung daran, zu unserem wahren Zuhause zurückzukehren und die Tatsache zu genießen, dass wir am Leben sind. Sie können dieses Buch als eine solche Art Erinnerung nehmen. Für jede Woche des Jahres finden Sie einen kurzen Text von Thich Nhat Hanh. Vielleicht möchten Sie den Abschnitt für die jeweilige Woche langsam lesen und dabei Ihrem Atem folgen. Nach dem Lesen setzen Sie sich für ein paar Minuten still hin, während Ihr Atem leicht und langsam fließt. Sie können die Augen schließen und der Essenz der Worte erlauben, tief in Sie einzusinken. Was bedeuten diese Worte für Ihre eigene Situation? Wie können Sie sie während des Tages umsetzen? Sie können Ihre Uhr oder Ihren Computer so einstellen, dass Sie einmal in der Stunde daran erinnert werden, zur Essenz der Worte zurückzukommen und sie einmal in der Stunde für zumindest drei Atemzüge ganz zu leben.

Wenn Sie Teil einer Sangha* sind, können Sie dieses Buch mit anderen Sangha-Mitgliedern benutzen. Wenn sich die Sangha trifft, liest eine Person den Wochentext vor. Sitzen und atmen Sie anschließend einige Minuten lang gemeinsam. Während der Woche praktiziert jedes Sangha-Mitglied auf seine oder ihre Weise und unterstützt sich so gegenseitig. Beim nächsten Treffen können Sie sich darüber austauschen, wie Sie die Worte, die das letzte Mal gelesen wurden, mit Leben gefüllt haben.

Martin Luther King, Jr., der mit Thây befreundet war und ihn für den Friedensnobelpreis nominierte, strebte danach, etwas zu errichten, was er die »Geliebte Gemeinschaft« nannte. Dies ist eine Gemeinschaft, in der über allem anderen die Entwicklung von Brüderlichkeit und Schwesterlichkeit betont wird. In einer

* Eine Sangha ist eine Gruppe von Menschen, die sich regelmäßig trifft, um gemeinsam Achtsamkeit zu üben und sich in der Praxis zu unterstützen. Sie können selbst eine Sangha gründen, indem Sie einmal die Woche oder alle 14 Tage einige Freunde zu sich einladen. Eine Liste örtlicher Sanghas in Deutschland finden Sie unter www.intersein.de.

solchen Gemeinschaft liegen Macht und Autorität einzig in den Händen von Liebe und Verstehen. In der buddhistischen Ausdrucksweise würden wir eine solche Gemeinschaft Sangha nennen. Es gibt so vieles, was wir als spirituelle Gemeinschaft tun können, das uns alleine nie gelingen würde. Wir können zusammen meditieren, wir können einander zuhören, ohne zu urteilen oder zu reagieren, und während wir zusammen in Meditation sitzen oder Gehmeditation üben, können wir eine kollektive Kraft von Liebe und Verstehen hervorbringen, die sehr viel stärker ist als all die Liebe und das Verstehen jedes Einzelnen zusammengenommen.

Eine Kalligraphie im Europäischen Institut für Angewandten Buddhismus lautet: »Aus dem Schlamm von Diskriminierung und Fanatismus lassen wir den Lotos der Integration und Toleranz wachsen.« Wenn Sie dieses Buch lesen und in die Praxis umsetzen, werden Sie Teil der »Geliebten Gemeinschaft«, die lernt, Leid nicht zurückzuweisen, sondern sich darum zu kümmern, sodass es zu dem Kompost wird, aus dem etwas Wunderbares wachsen kann. So wie ein organischer Gärtner den Gartenabfall nicht verbrennt oder wegwirft, sondern ihn zu Kompost verwandelt, so schauen wir auf unser Leid als eine Quelle von Transformation und Glück. Das tiefste Glück liegt darin, die ultimative Dimension berühren zu können und zu erkennen, dass alle Dinge ohne Anfang und ohne Ende miteinander verbunden sind. Das zu sehen liegt nicht weit entfernt, wenn Sie in der Lage sind, Ihren Atem zu genießen und in Achtsamkeit durch Ihren Tag zu gehen.

Schwester Annabel
Dekanin der Praxis, Europäisches Institut für
Angewandten Buddhismus, Waldbröl

JANUAR

Woche 1

Im Alltag gibt es so viel zu tun und so wenig Zeit. Du fühlst dich vielleicht gedrängt, die ganze Zeit zu rennen. Halte an! Berühre tief den gegenwärtigen Moment und du wirst Frieden und Freude berühren.

Jeder Moment ist eine
Chance für uns,
Frieden mit der Welt
zu schließen.

JANUAR

Woche 2

Jeder Mensch ist eine wunderschöne Blume im Garten der Menschheit.

Betrachte das Gesicht eines Kindes: so voller Frische, voller Schönheit. Doch auch wir, die wir vielleicht nicht mehr ganz so junge Kinder sind, auch wir sind wunderschöne Blumen, jeder und jede Einzelne von uns.
Wenn wir uns überwältigen lassen von Ärger, Traurigkeit, Enttäuschung oder Sorgen, dann verlieren wir unsere Frische, unser Blume-Sein. Achtsamkeit kann uns helfen, sie zu bewahren.

Wenn wir unsere Frische und Schönheit bewahren, werden wir zu einem Geschenk für die Welt.

Beim Gehen schenken wir jedem Schritt, den wir machen, Aufmerksamkeit. Wir nehmen wahr, wie jeder Fuß den Boden berührt. Die Erde ist unsere Mutter. Mutter Erde ist großer Schaden zugefügt worden.

Jetzt ist die Zeit,
die Erde mit unseren
Füßen zu küssen,
mit unserer Liebe.

Erlaube dir einfach nur zu sein! Erlaube dir, dich daran zu erfreuen, im gegenwärtigen Moment zu sein.
Die Erde ist so schön. Erfreue dich am Planeten Erde. Auch du bist schön, du bist ein Wunder wie die Erde.
Auf eine solche Weise zu gehen wird Gehmeditation genannt.

Es gibt eine bekannte Zen-Geschichte über einen Mann, der auf einem galoppierenden Pferd sitzt. Jemand, der ihn vorbeireiten sieht, ruft: »Wohin reiten Sie?« Der Reiter dreht sich um und schreit: »Das weiß ich nicht, da müssen Sie das Pferd fragen.« Wir wissen wirklich nicht genau, wohin wir unterwegs sind oder warum wir uns so abhetzen. Ein galoppierendes Pferd treibt uns vorwärts und entscheidet alles für uns. Dieses Pferd wird »Gewohnheitsenergie« genannt. Unsere Aufgabe ist es, uns dieser Gewohnheitsenergie bewusst zu werden und uns nicht länger von ihr herumschubsen zu lassen.

Sich um sich selbst
zu kümmern bedeutet
als Erstes zu lernen,
wie man anhält und
nach innen schaut.

Frage dich selbst: Worauf warte ich, dass es mich glücklich machen soll? Warum bin ich nicht jetzt glücklich? Mit Achtsamkeit entwickeln wir Wertschätzung für das Wohlbefinden, das schon da ist.

*Jeder Augenblick,
in dem du lebendig
bist, gleicht einem
schimmernden Juwel,
das die Erde,
den Himmel und
die Wolken enthält.*

Wir sollten keine Angst haben, Fehler zu machen. Vorausgesetzt, wir sind bereit, aus Fehlern zu lernen. Fehler können uns große Lehrer sein.

Sei du selbst. Das Leben ist kostbar so, wie es ist.

Es gibt keinen Grund, ständig zu rennen, sich anzustrengen, nach etwas zu streben oder zu kämpfen. Sei einfach.

FEBRUAR

Woche 7

Ohne Freiheit gibt es kein Glück.

Ikebana ist die japanische Kunst des Blumensteckens. Damit jede Blume ihre Schönheit atmen kann, braucht jede Blume Raum. Auch wir brauchen Raum und Freiheit, um unsere Schönheit ausdrücken zu können.
Freiheit ist ein Geschenk, das wir einem anderen machen können.

Wenn wir jemand lieben, müssen
wir diesem Menschen Raum geben,
Raum und Freiheit.

FEBRUAR

Woche 8

Was ich ganz genau weiß? Ich weiß, dass wir nicht genug wissen. Wir müssen weiter lernen. Wir müssen offen sein. Und wir müssen bereit sein, das, was wir zu wissen meinen, loszulassen, sodass wir ein erweitertes Verstehen der Realität erlangen können. Wenn wir eine Leiter hochsteigen und auf der sechsten Stufe angekommen sind und dann denken, das wäre die höchste Stufe und es gäbe keine höhere, können wir die siebte Stufe nicht erreichen. Die Aufgabe ist es also, die sechste Stufe loszulassen, damit uns die siebte Stufe zugänglich wird. Das ist unsere Praxis: unsere Ansichten loszulassen.

Menschen leiden, weil sie in ihren Vorstellungen gefangen sind. Sobald wir unsere Vorstellungen loslassen, sind wir frei.

Dieser Moment ist ein
Moment des Glücks.

MÄRZ

Woche 9

Wenn wir es verstehen, in das Hier und Jetzt zurückzukehren, können wir alle dieses Mantra jeden Tag mehrere Male praktizieren.
Wir atmen in voller Bewusstheit ein und aus und kommen zu uns selbst nach Hause. Dann sprechen wir das Mantra laut oder still für uns, wie es uns lieber ist. Bevor wir anfangen zu kochen, zu essen, die Blumen zu gießen können wir uns das Mantra vergegenwärtigen. Es ist ganz einfach zu üben.
Wir erkennen, wie viel Glück wir haben, so viel mehr Glück als viele andere Menschen. Unzählige Voraussetzungen zum Glücklichsein sind bereits in diesem Moment vorhanden. Wir können anhalten. Wir brauchen nicht mehr in die Zukunft zu rennen.

Erlauben wir uns, glücklich zu sein.

Wir können sitzen wie ein Berg. Einatmend sehe ich mich selbst als Berg – ich bin stabil und solide. Auch wenn ich provoziert werde, bleibe ich gelassen und stark wie ein Berg. Die stabile körperliche Haltung, aufrecht und würdevoll wie ein Buddha, wird auch unseren Geist beeinflussen. Egal ob wir auf dem Boden, auf einem Kissen oder auf einem Stuhl sitzen: Wir können mit Würde sitzen, mit Stabilität wie ein Berg.

Einatmend
sehe ich mich selbst als Berg.

Ausatmend
spüre ich meine Stabilität.

Es gibt einen Strom von Gefühlen, der Tag und Nacht in uns fließt. Ein sehr interessanter Aspekt dabei sind die neutralen Gefühle. Denn wenn wir sie mit Achtsamkeit wahrnehmen, können sie sich in angenehme Gefühle verwandeln. Nehmen wir an, du hast Zahnschmerzen – sicherlich ein unangenehmes Gefühl. Wenn du auf diese Weise leidest, kannst du eine Art Erleuchtung erfahren. Du weißt dann nämlich: Keine Zahnschmerzen zu haben muss wunderbar sein! Bevor du Zahnschmerzen hattest, war Nicht-Zahnschmerzen-Haben ein neutrales Gefühl. Während du Zahnschmerzen hast, kannst du erkennen, dass Nicht-Zahnschmerzen-Haben eigentlich ein überaus angenehmes Gefühl ist. Was einstmals neutral war, erkennst du als ein Gefühl des Wohlseins.

In unserem Fluss der Emotionen gibt es sehr viele neutrale Gefühle. Wer Achtsamkeit übt, kann die meisten davon in angenehme verwandeln.

Daher können wir auch die meisten Momente unseres täglichen Lebens in freudvolle Momente verwandeln.

Einatmend sehe ich mich selbst
als stilles Wasser.

Ausatmend erlebe ich tiefen
Frieden.

Wenn wir mit uns selbst in Frieden sind, können wir auch in Frieden mit anderen sein. Dazu brauchen wir innere Stille. Ich spüre, wie Frieden in mein Herz einzieht.
Wie können wir zu unserer inneren Ruhe kommen? Durch eine einfache Übung wie diese: Wir können uns selbst visualisieren als stilles, klares Wasser – ganz ruhig und friedlich.

MÄRZ

Woche 13

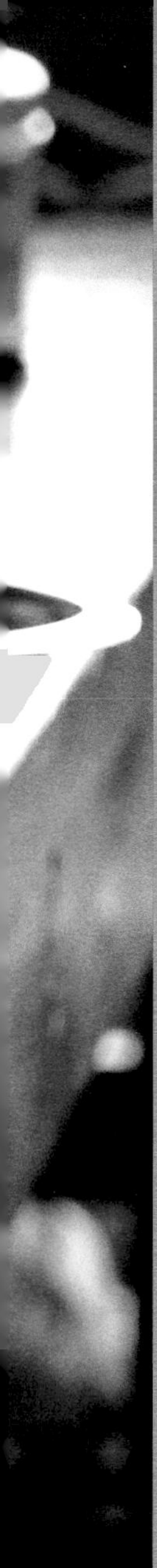

Alles, was wir tun, können wir in Achtsamkeit tun.

In der Küche zu stehen und das Frühstück vorzubereiten kann eine Zeit der Meditation sein.

Die Küche wird die Meditationshalle. Während wir Wasser für den Tee aufsetzen, während wir Brot aufschneiden denken wir nicht an andere Aufgaben, die der Tag für uns bereithält. Wir sind ganz da mit unseren Bewegungen, mit unserem Körper, mit unserem Atem. Wir sind da für uns selbst, wir sind da für unsere Familie, wir sind da für die Welt.

Das Leben ist nur im Hier und Jetzt verfügbar.

Das ist eine sehr einfache, aber auch sehr tiefgründige Lehre des Buddha. Wenn jemand uns fragt: »Ist der beste Moment deines Lebens schon gekommen?«, werden vermutlich viele sagen, dass der beste Moment noch nicht gekommen ist. Wir alle neigen zu dem Glauben, der beste Moment unseres Lebens sei noch nicht gekommen, er käme aber sicher bald. Doch wenn wir immer weiter so leben und darauf warten, dass der beste Moment kommt, wird er nie eintreffen.
Du glaubst vielleicht, dein Glück sei irgendwo anders, dort drüben möglicherweise oder in der Zukunft, doch tatsächlich kannst du das Glück genau jetzt berühren. Du bist lebendig. Du kannst deine Augen öffnen, den Sonnenschein sehen, die schönen Farben am Himmel, die wundervolle Natur, deine Freundinnen und Freunde.

Dies ist der beste Augenblick deines Lebens.

HAPPINESS

APRIL

Woche 15

Wenn wir unserem Körper unsere aufmerksame Zuwendung schenken, erkennen wir manchmal, dass ein Organ seit Monaten SOS-Signale sendet. Doch bisher waren wir zu beschäftigt, um das zu bemerken. Nun stellen wir die Kommunikation wieder her.

Hören wir unserem Herzen, unserer Leber, unserem Magen zu. Was haben sie zu erzählen?

Es kann eine Quelle großer Freude sein festzustellen, dass unser Herz all die vielen Jahre unseres Lebens Tag und Nacht für uns gearbeitet hat, dass es unermüdlich Blut durch unseren Körper geschickt hat, dass es immer für uns da war. Doch nun ist es vielleicht erschöpft. Was können wir tun, damit es ihm besser geht?

Erinnern wir uns daran,
dass ein schlagendes,
ein noch arbeitendes Herz
eine Bedingung
für unser Glück ist.

Wie sollen wir Gott beschreiben?
Schon so etwas Einfaches wie der Geschmack einer Mango ist unmöglich zu beschreiben.
Schmeckt eine Mango wie eine Orange? Nein. Wie ein Pfirsich? Wie eine Ananas? Nein. Doch nur, weil ich nicht in der Lage bin, den Geschmack einer Mango in Worte zu fassen, heißt das nicht, dass die Mango nicht existiert.
Das Beste, was wir tun können, um jemand den Geschmack einer Mango näherzubringen, ist, ihn eine essen zu lassen.
Wir beschreiben Gott nicht.
Wir sprechen nicht über Gott.

Wir machen uns verfügbar
für das Königreich Gottes.

Achtsamkeit ist die Fähigkeit zu wissen, was in uns und um uns herum geschieht. Achtsames Atmen heißt so zu atmen, dass wir uns der Tatsache bewusst sind, dass wir atmen. Das klingt im ersten Moment sehr simpel. Doch wenn wir es wirklich praktizieren, wird es sehr tief. Alleine durch achtsames Atmen können wir uns bewusst werden, dass wir leben. Und ist das nicht das größte Wunder – lebendig zu sein?

Einatmen heißt zu feiern,
dass wir lebendig sind.

Um glücklich zu sein, braucht es häufig nicht mehr, als eine Idee loszulassen. Oft haben wir eine Idee im Kopf, was wir zum Glücklichsein brauchen. Wir denken, wir können nicht glücklich sein, bevor ... wir einen Partner finden, das Haus fertiggebaut ist, wir unser Diplom in Händen halten, der Urlaub da ist, oder was auch immer wir für unser Glück zu brauchen meinen. Gelingt es uns, diese Idee loszulassen, entsteht Glück oftmals sehr schnell.

Unsere Vorstellung vom Glück kann genau das Hindernis darstellen, das uns im Weg steht, um glücklich zu sein.

Wenn wir diese Ideen loslassen, öffnen wir die Türen, durch die das Glück aus vielen Richtungen zu uns kommen kann.

MAI

Woche 19

Gleich, ob wir eine, fünf oder dreißig Minuten in Meditation sitzen, wir sollten lernen, in Leichtigkeit und Freude zu sitzen, damit wir unsere Frische bewahren können. Wir sollten ohne zu viele Sorgen oder Ärger in unserem Geist sitzen, sonst gleichen wir jemand, der auf einem Bett voll glühender Kohlen sitzt. Fragen wir uns:

Was kann mir helfen, Meditation oder eine andere spirituelle Praxis so zu üben, dass Leichtigkeit und Freude dabei präsent bleiben?

Die grundlegendste Praxis ist es, Körper und Geist wieder zu vereinen. Häufig ist der Geist nicht in der Gegenwart anwesend. Er ist gefangen im Denken, in Sorgen oder Bedauern. Es gibt viele Wege, den Geist zurück zum Körper zu bringen. Die beiden einfachsten, die uns immer zur Verfügung stehen, sind achtsames Atmen und achtsames Gehen. Der Atem ist wie eine Brücke, die den Geist mit dem Körper verbindet.

Wenn wir unseres Atems gewahr sind, können wir unseren Geist zurück nach Hause bringen.

Bevor wir in der Lage sind, uns gut um unsere inneren Schwierigkeiten zu kümmern, sollten wir in der Lage sein, ein Gefühl von Glück und Freude in uns entstehen zu lassen. So hat es der Buddha gelehrt. Dadurch werden wir nicht mehr von unserem Leid fortgerissen. Mit dieser Stabilität können wir uns unserem Leiden zuwenden, seine Ursachen erkennen und beginnen, es zu transformieren.

Möge ich lernen,
mich selbst mit den
Augen des Verstehens
und der Liebe
zu betrachten.

Du musst fähig sein, all dein intellektuelles Wissen loszulassen, alle Vorstellungen, den Standpunkt, den du gegenwärtig einnimmst. Solange du meinst, dass du die Wahrheit bereits in der Hand hältst, ist die Tür deines Geistes geschlossen. Selbst wenn die Wahrheit anklopft, wirst du nicht in der Lage sein, sie einzulassen. Gegenwärtiges Wissen ist ein Hindernis. Gedankliche Freiheit ist die Grundbedingung für Fortschritt.

Es ist genau dieser Raum der Freiheit,
in dem die Blume der Weisheit blühen kann.

JUNI
Woche 23

Wenn wir vom Leid davonlaufen und nur nach dem Glücklichsein suchen, kann es nicht aufkommen. Bitte erinnere dich daran, dass eine Lotosblume ohne Schlamm nicht wachsen kann. Weil wir Leidvolles erlebt haben, wissen wir das Glück umso mehr zu schätzen. Wir sollten keine Angst vor dem Leid haben. Glücklichsein besteht aus Elementen des Leidens. Der Lotos entsteht aus Schlamm. Wenn wir ihn vom Schlamm entfernen, kann er nicht überleben.

Wir können unser
Leid umarmen
und so aus ihm
herauswachsen.

Wenn du Achtsamkeit, Konzentration und Einsicht lebst, dann wirst du Gott nie verlassen, du bist immer mit Gott verbunden. Wenn du jeden Tag in der Gegenwärtigkeit Gottes lebst, heißt das, dass dein tägliches Leben ein Gebet ist;
es gibt Menschen, denen dies möglich ist. Es gibt sehr konkrete Möglichkeiten, die Energien von Achtsamkeit, Konzentration und Einsicht zu generieren, und unsere Praxis ist darauf ausgerichtet, diese drei Energien hervorzubringen.
Wenn du deine Achtsamkeit beim Sitzen, Gehen, Kochen, Abspülen übst, dann wirst du nicht das Gefühl haben, dein Leben zu vergeuden.

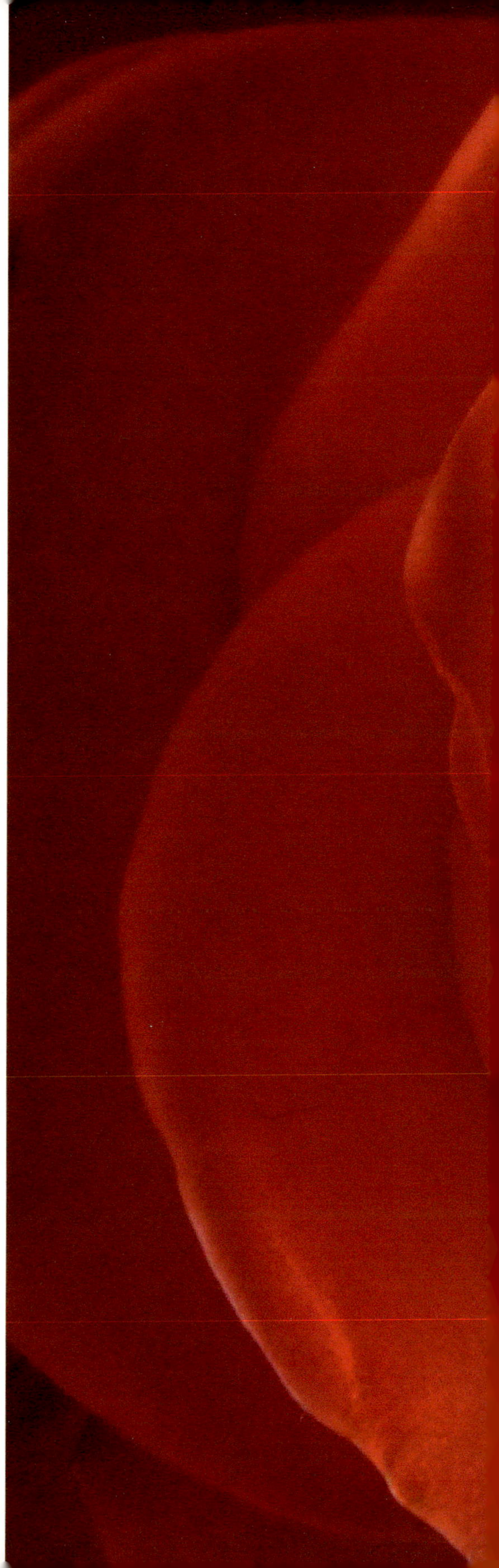

Du lebst jeden Augenblick
deines Lebens ganz tief.
Dein Leben wird zu einem Gebet.

Einatmend weiß ich, dass ich einatme. Das hört sich sehr schlicht an. Doch durch dieses Bewusstsein sind wir in diesem Moment frei. Frei von der Vergangenheit, frei von der Zukunft – von Reue und Bedauern, von Ängsten und Befürchtungen. Vielleicht dauert eine Einatmung nur Sekunden. Doch wenn wir in der Lage sind, ganz bei der Einatmung zu bleiben, von ihrem Beginn bis zu ihrem Ende, ohne uns ablenken zu lassen, dann sind wir in diesen Sekunden frei.
Durch Übung können wir lernen, diesen Zeitraum zu verlängern und ihn zu genießen.

Freiheit kann durch einen einzigen Atemzug entstehen.

Sei frei
wo
du bist

Um Leid zu lindern, brauchen wir die Fähigkeit, tief und einfühlsam zuzuhören.

Wenn wir jemandem zuhören, damit er sein Herz erleichtern kann, sollten wir ihn nicht unterbrechen – selbst wenn er voll Bitterkeit redet, Schuldzuweisungen ausspricht oder seine Worte von falschen Wahrnehmungen geprägt sind.
Es kann schwer sein, dann ruhig zuzuhören.
Die Samen der Irritation werden in uns gewässert, und in dem Moment ist es schwer, weiter Mitgefühl zu empfinden. Mitgefühl ist unser Schutz, den wir für uns aufrechterhalten. Und wie? Indem wir uns unser Ziel vergegenwärtigen: »Ich will dir die Möglichkeit geben, dein Herz auszuschütten, auch wenn es in deinen Worten Bitterkeit, Ärger oder Anschuldigungen gibt.«
Wir müssen Achtsamkeit praktizieren, um uns daran zu erinnern, dass wir zuhören, um das Leiden der anderen Person zu lindern. Es wird später einen guten Augenblick geben, um die falschen Vorstellungen, die sie sich gemacht hat, zu korrigieren, doch nicht jetzt. So zuzuhören braucht viel Übung.

*Wenn wir uns mit Mitgefühl wie mit
einem schützenden Mantel umgeben,
können wir auch in schwierigen
Momenten tief zuhören.*

Du musst dich zuerst um dich kümmern, bevor du dich um jemand anderen kümmern kannst. Wir haben unserem Körper in der Vergangenheit viel Druck zugemutet. Wir haben unsere Gesundheit aufs Spiel gesetzt. In unserem Körper gibt es so viel an Spannung und Schmerzen.
Viele Schmerzen entstehen durch Anspannung im Körper. Wir müssen daher lernen, Spannungen zu erkennen und sie loszulassen. Schon der Buddha hat die Wichtigkeit von Entspannung gelehrt und wir brauchen diese Lehre in der heutigen Zeit mehr denn je.

Wir müssen uns unserem Körper liebevoll zuwenden und uns gut um ihn kümmern.

JULI

Woche 28

Mach dir klar, dass du beim Gehen nirgends hingehst, und doch hilft dir jeder Schritt dabei, anzukommen. Wo anzukommen?
Im gegenwärtigen Moment, im Hier und Jetzt. Du brauchst gar nichts anderes, um glücklich zu sein.

Lächle, während du gehst –
sei im Hier und Jetzt.
Dann kannst du den Ort,
an dem du gehst,
in ein Paradies verwandeln.

In unserem Praxiszentrum Plum Village haben wir eine Übung, die wir täglich durchführen und die wir »Die Erde berühren« nennen. Sie ist in vielerlei Weise hilfreich für uns. Auch dir kann diese Übung helfen. Wenn du dich ruhelos und unruhig fühlst und wenig Vertrauen zu dir hast oder wütend oder unglücklich bist, kannst du dich hinknien und die Erde ganz achtsam mit deinen Händen berühren. Berühre die Erde so, als wäre sie das Liebste, was du hast, oder als wäre sie deine beste Freundin, dein bester Freund.
Wende dich an die Erde und bitte sie um Hilfe, wann immer du dich unglücklich fühlst. Berühre sie so achtsam, wie der Buddha es tat. Und plötzlich wirst auch du die Erde mit all ihren Blumen und Früchten, Bäumen und Vögeln, Tieren und anderen Lebewesen, die sie geschaffen hat, sehen. All diese Dinge bietet sie dir dar.

Es gibt für dich viel
mehr Gelegenheiten,
glücklich zu sein, als du
jemals gedacht hast.

Lieben heißt, da zu sein. Wir machen unsere Präsenz der anderen Person zum Geschenk: Liebling, ich bin für dich da. Und wir wertschätzen die Präsenz der anderen Person, wir sagen Ja zu ihrer Präsenz: Liebling, ich weiß, dass du da bist, und ich bin sehr glücklich.

Geliebt zu sein heißt, erkannt zu sein.

Liebe bedeutet Aufmerksamkeit. Wir müssen die Präsenz der anderen Person als Geschenk in unserem Leben erkennen.

AUGUST

Woche 31

Wenn du ein Stück Papier betrachtest, vielleicht die Seite, die du jetzt liest, glaubst du möglicherweise, dass es nicht existiert hat, bevor es in der Papierfabrik hergestellt wurde. Doch schau, da schwebt eine Wolke in diesem Stück Papier. Ohne Wolke könnte es keinen Regen geben, und so könnte kein Baum wachsen, der uns das Papier gibt.
Wenn du die Wolke aus dem Papier wegnimmst, fällt das Papier in sich zusammen. Schaust du tief in dieses Stück Papier hinein und berührst du es tief, kannst du auch die Wolke berühren.
Das Stück Papier ist mit dem Sonnenschein, dem Regen, der Erde, der Papierfabrik, den Arbeiterinnen und Arbeitern in der Fabrik, mit der Nahrung, die sie tagtäglich zu sich nehmen, verbunden und verwoben.

*Berührst du das Papier,
so berührst du alles
im Kosmos.*

Unsere Wut ist ein Teil von uns. Wir sollten nicht so tun, als wären wir nicht wütend, wenn wir es tatsächlich sind. Was wir lernen müssen, ist, wie wir uns um unsere Wut kümmern können. Das können wir am besten, wenn wir innehalten und zu unserem Atem zurückkehren.

Stell dir deine Wut als deinen kleinen Bruder oder deine kleine Schwester vor. Egal, was dein kleiner Bruder oder deine kleine Schwester auch getan haben mag, du solltest ihn oder sie zärtlich und liebevoll behandeln.

Auch deiner Wut
solltest du mit Zärtlichkeit
und Liebe begegnen.

Es kommt nicht so sehr darauf an, was wir tun, sondern wie wir es tun.

Meditation muss nicht immer in Ruhe und Langsamkeit geschehen. Wir können Achtsamkeit beim Laufen oder beim Fahrradfahren praktizieren. Auch Jogging-Meditation ist möglich. Wir genießen unsere Schritte, unseren Körper, unsere Beweglichkeit, unsere Vitalität. Wir spüren, dass wir am Leben sind.

Tun wir etwas mit Achtsamkeit, wird es zur Meditation.

पाकींग 10 रु.

AUGUST

Woche 34

Oft denken wir, unser Leid sei von der Person verursacht worden, die wir am meisten lieben. Hätte jemand anderer dieselben Worte gesprochen oder das Gleiche getan, würde es uns wenig ausmachen. Doch wenn die Person, die wir am meisten lieben, so etwas sagt oder tut, schmerzt es wirklich. Und dann verhindert unser Stolz, dass wir um Hilfe bitten.
Lieber schließen wir uns in unser Zimmer ein, weil wir verletzt sind. Das ist unser Versuch, den anderen zu bestrafen. Wir wollen zeigen, dass wir ihn nicht brauchen. Wenn die andere Person kommt, um uns zu trösten, schicken wir sie weg.
Doch in wahrer Liebe gibt es keinen Platz für Stolz. Wir müssen die Wahrheit anerkennen und sie aussprechen. Wir bitten um Hilfe und sagen: Er hat mir wehgetan. Ich brauche deine Hilfe. Es ist schwierig, das auszusprechen, wenn wir denken, dass es genau diese Person war, die unseren Kummer verursacht hat. Es ist schwierig, doch es ist nicht unmöglich.

»Liebling, ich leide. Bitte hilf mir.«
Wir brauchen Mut, um dieses
Mantra zu praktizieren.

Meditation ist wie Nahrung für das Glück.

Wenn Meditation anstrengend wird und harte Arbeit ist, dann läuft etwas falsch. Achtsames Atmen sollte uns mit der Freude am Leben in Kontakt bringen.
Es gibt schon so viel Leid auf der Welt, warum uns auf das Kissen setzen und dabei noch mehr Leiden erzeugen?
Meditation sollte eine Quelle von Entspannung sein und von Glück.

Neun Monate verbringen wir im Mutterleib: Wir sind an einem warmen, sicheren Ort, geborgen und behütet. Unsere Mutter atmet für uns, sie isst für uns. Wir brauchen uns um nichts zu kümmern. In Vietnam und China nennt man die Gebärmutter den Palast des Kindes.
Wir alle haben Zeit in diesem Palast verbracht, ohne Sorgen, ohne Wünsche. Doch mit der Geburt müssen wir den Palast verlassen und begegnen dem Leiden. Unser erster Atemzug ist verbunden mit Todesangst. Mit unserer Geburt wird auch die Angst geboren. Ein Baby kann nicht alleine überleben. Es ist angewiesen auf ein Gegenüber. Unser Bedürfnis nach einem anderen Menschen im Erwachsenenalter beruht auf diesem allerersten Bedürfnis nach einer anderen Person. Dieses Baby ist noch immer in uns präsent. Es braucht noch immer die Sicherheit, dass es nicht alleine ist. Wir müssen diese ursprüngliche Angst in uns erkennen. Dann können wir uns dem kleinen Kind in uns zuwenden, es umarmen und ihm zeigen:

Ich bin hier für dich.

Alles im Kosmos durchdringt und bedingt sich gegenseitig.

SEPTEMBER

Woche 37

Betrachtet man die Erdgeschichte,
so ist der Mensch erst gestern
im Leben auf der Erde erschienen.
Wenn wir tief in uns hineinblicken,
können wir all die nicht mensch-
lichen Elemente in uns erkennen:
unsere tierischen Vorfahren, unsere
pflanzlichen Vorfahren, unsere
mineralischen Vorfahren. In der
Vergangenheit waren wir eine Wolke,
ein Stein.
Andere Spezies zu schützen
bedeutet, uns selbst zu schützen.
Die Umwelt zu erhalten bedeutet,
uns selbst zu erhalten.

Der Mensch trägt
den gesamten
Kosmos in sich.

Gehmeditation ist etwas, was jeder tun kann. Es gibt einige von uns, denen es schwer fällt, Sitzmeditation zu praktizieren; aber gehen – jeder Mensch geht.
Jedes Mal, wenn du einen achtsamen Schritt machst, wirst du aus deiner Unachtsamkeit treten.

Du kommst zurück ins Leben.
Du berührst die Wunder des Lebens,
um transformiert und geheilt
zu werden.

SEPTEMBER

Woche 39

Das Leben ist lebenswert, wenn wir es in Achtsamkeit leben. Wir drehen den Wasserhahn auf und sind uns bewusst, dass das Wasser tief aus der Erde kommt und weite Wege zurücklegt, um in unser Haus zu strömen – voll Frische und Lebendigkeit. Ist das nicht ein Grund für Freude und Dankbarkeit?

Wasser strömt zu uns
von hoch aus den Bergen.
Wasser fließt tief in der Erde.
Wie durch ein Wunder
kommt das Wasser zu uns
und erhält alles Leben.
Meine Dankbarkeit ist
gefüllt bis zum Rand.

OKTOBER

Woche 40

Wenn wir in Bewusstheit leben, ist es einfach, überall Wunder zu erblicken.

Oft trinken wir Tee, doch wir sind uns dessen nicht bewusst. Wir verlieren uns in Sorgen, Ängsten und Befürchtungen. Dann trinken wir nicht unseren Tee, sondern unsere Sorgen. Das ist nicht gut für unsere Gesundheit!
Eine Tasse Tee zu trinken und wahrhaft anwesend zu sein bedeutet, mit dem Wunder des Lebens in Kontakt zu sein.

Bisher hat der Kampf gegen den Terrorismus die Zahl der Terroristen nicht reduziert. Tatsächlich hat er die Zahl der Terroristen erhöht, und jeder von ihnen trägt eine Bombe in seinem Herzen. Es liegen nicht nur Landminen oder Bomben in den Kriegsgebieten dieser Welt, es liegen auch Bomben in den Herzen vieler Menschen, die wir entschärfen müssen.

Mitgefühl ist die einzige Antwort.

Um den Terrorismus zu beenden, müssen wir falsche Vorstellungen ausräumen. Wir wissen sehr wohl, dass Flugzeuge, Gewehre und Bomben dazu nicht in der Lage sind. Nur liebevolle Rede und mitfühlendes Zuhören können Menschen helfen, falsche Vorstellungen zu korrigieren.

Gefühle manifestieren sich, sie sind einige Zeit als eine bestimmte Form von Energie präsent, und danach werden sie wieder vergehen. Wir sollten weder versuchen, sie zu unterdrücken, noch sie loszuwerden.
Indem wir Achtsamkeit kultivieren, etwa durch achtsames Atmen oder achtsames Gehen, können wir unser Leid erkennen. Wir können uns gut darum kümmern und müssen uns nicht mehr davor fürchten.

Wir wissen, dass Leiden aufsteigt, eine Zeit lang da ist und dann wieder an seinen Ursprungsort zurückkehrt.

»Hallo, mein kleines Leiden, ich kenne dich. Ich will mich gut um dich kümmern, solange du da bist, und dann lasse ich dich wieder gehen.«

Es gibt nichts, was dich davon abhält, mit dem Leben im gegenwärtigen Zeitpunkt in Berührung zu sein. Die Frage ist, hast du die Augen, die den Sonnenuntergang zu sehen vermögen, die Füße, die die Erde berühren können?

Wenn wir tief in den gegenwärtigen
Moment eintreten, verschwinden unser
Bedauern und unsere Sorgen.
Wir entdecken das Leben mit all
seinen Wundern.

Wenn eine Wolke zu Regen wird, ängstigt sie das nicht, denn obwohl sie weiß, wie wundervoll es ist, als Wolke am Himmel zu schweben, weiß sie auch, dass es ebenso wundervoll ist, als Regen auf die Felder und Meere herabzuprasseln. Darum ist der Moment, in dem eine Wolke zu Regen wird, kein Moment des Todes, sondern der Fortdauer.
In Wirklichkeit ist jeder Moment ein Moment des Fortbestehens. Du setzt das Leben in neuen Formen fort. Das ist alles.

Geburt und Tod sind nur Türen,
durch die wir hindurchtreten,
heilige Schwellen auf unserer Reise.

NOVEMBER

Woche 45

Schauen wir eine Bananenstaude an, dann sehen wir, dass sie wunderschöne Blätter, Blüten und Früchte bildet. Das sind die besten Dinge, die eine Bananenstaude hervorbringen kann, um sie der Welt darzubieten. Wir als Menschen bringen der Welt auch jeden Moment unseres Lebens etwas dar – unsere Gedanken, unsere Worte, unsere Taten. Das wird unsere Fortführung sein, ob wir das wollen oder nicht.
Wir bestehen in die Zukunft fort durch unsere Handlungen.
Wenn dieser Körper zerfällt, können wir nichts mitnehmen, kein Diplom, keinen Ruhm, keinen Reichtum. Wir müssen alles loslassen.

Das Einzige, was von uns bleibt,
sind die Früchte unserer Gedanken,
unserer Worte
und unserer Taten.

Liebe beginnt mit dir selbst, noch bevor sich eine andere Person in deinem Leben manifestiert. Die Lehre über die Liebe im Buddhismus besagt: Wenn du nach Hause gehst, zu dir selbst nach Hause, erkennst du das Leid in dir. Das Verstehen deines eigenen Leidens wird dir helfen, dich besser zu fühlen und zu lieben, weil du deine eigene Vollständigkeit, die Erfüllung in dir selbst spürst.

Um anzufangen zu lieben,
brauchst du keine andere Person.
Du kannst mit dir selbst beginnen.

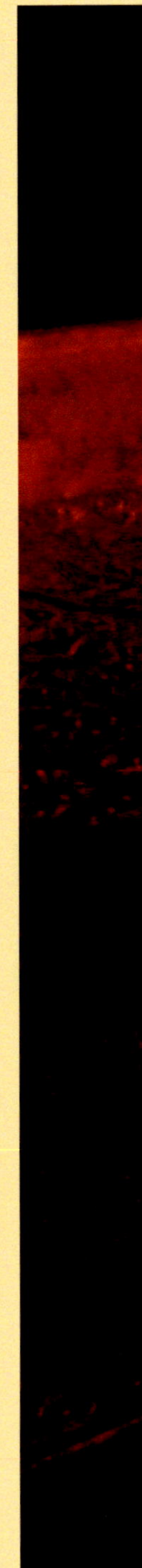

Wenn ein Tier sich im Wald verletzt, dann sucht es sich einen Platz, wo es sich niederlegen kann, und dort ruht es sich viele Tage lang aus. Es ist nicht an Futter oder etwas anderem interessiert. Es ruht nur und erfährt die Heilung, die es braucht. Wenn wir Menschen zu sehr gestresst sind, dann gehen wir vielleicht in die Apotheke und kaufen uns Pillen, aber wir hören nicht auf in unserem Tun.

*Sich auszuruhen ist
eine Voraussetzung
für Heilung.*

NOVEMBER

Woche 48

In jedem von uns lebt ein kleines inneres Kind, das früher nicht in der Lage war, sich zu schützen. Wir sind in der Vergangenheit gefangen, vielleicht erleben wir sogar Flashbacks vergangener Schrecken. Obwohl wir objektiv sicher sind, fühlen wir uns bedroht und verletzlich.
Dann leiden wir in der Gegenwart, als wären wir noch immer in der Vergangenheit.
Wir müssen mit diesem kleinen Kind in uns sprechen: »Ich weiß, dass du da bist und viele Wunden trägst.« Wir müssen unsere Weisheit des Erwachsenseins an dieses Kind »downloaden«. Aus diesem Grund ist es so wichtig, im Hier und Jetzt anzukommen: damit wir frei werden von den Schatten der Vergangenheit.

Wir können unser inneres Kind einladen, mit uns in die Gegenwart zu kommen und frei zu sein.

DEZEMBER

Woche 49

Um gut mit einem schmerzhaften Gefühl in uns umzugehen, müssen wir es erst einmal erkennen. Normalerweise wollen wir das nicht. Wir wollen vor unserem Leiden davonlaufen, es ignorieren, uns ablenken. Wir brauchen Mut, um anzuerkennen: Es gibt schmerzhafte Gefühle in mir. Ich akzeptiere sie. Ich versuche nicht, sie zu verstecken. Ich will damit sein, ich will mich gut darum kümmern.
Nur wenn wir zu diesem ersten Schritt bereit sind, sind wir zum zweiten Schritt in der Lage: Erst, wenn wir seine Anwesenheit erkannt haben, können wir das Leiden mit Achtsamkeit umarmen.
Wir versuchen nicht, dagegen zu kämpfen, wir versuchen nicht, es festzuhalten. Wir nehmen es einfach wahr, in einer vollständig gewaltlosen Art und Weise.

Dein Leid ist ein Teil von dir,
deine Achtsamkeit ist ein Teil von dir.

DEZEMBER

Woche 50

*Es ist wunderbar,
dass ich ich selbst bin,
dass du du selbst bist.*

Wir müssen nur zulassen, wir selbst zu sein, und uns an uns so, wie wir sind, erfreuen. Dieses Empfinden, dieses Erkennen ist unser wahres Zuhause. Unser wahres Zuhause spricht zu uns, Tag und Nacht, mit einer sehr klaren Stimme. Es sendet uns fortwährend Wellen der Liebe und Anteilnahme, doch erreichen sie uns nicht, weil wir so beschäftigt sind. Wenn wir aber den Klang der Glocke hören, erinnern wir uns daran, dass die Glocke uns helfen will, zu unserem wahren Zuhause zurückzukehren.

*Der Klang der Glocke
ist die Stimme des Buddha,
die uns nach Hause ruft.*

Durch wahre Liebe entstehen Fülle und Überfluss in uns. Lieben heißt, dass wir etwas zu geben haben. Haben wir liebevolle Güte, Mitgefühl, Freude und Gelassenheit in uns? Verstehen wir unser eigenes Leiden?

Haben wir Liebe für uns selbst? Dann gibt es Fülle in uns.

Dann wird deine Präsenz in der Welt auf unzählige Arten und Weisen zum Wohlergehen aller anderen beitragen.

Es gibt so viel Gewalt, so viele Konflikte, so viel Zerstörung in der Welt. Wir brauchen dringend Frieden. Wer wird uns zu diesem Frieden verhelfen? Wer wird den Frieden in die Welt und in unser Herz bringen? Wer ist dieser Friedensstifter?

Die Person, die dir und der Welt Frieden bringen kann, bist du selbst.

Wir haben die Fähigkeit, zu einem Buddha zu werden, voller Frieden, Verstehen und Mitgefühl. In uns gibt es einen Baby-Buddha.
Wir müssen dem Friedensfürsten erlauben, in unserem Herzen geboren zu werden.

DEZEMBER

Woche 53

Wir wissen, wie wir mit
Leid umgehen können.
Wir wissen, wie wir mit dem
Abfall umgehen müssen,
damit daraus Kompost
entsteht, der die Blumen
nährt. Daher können wir
diese Welt aus ganzem
Herzen akzeptieren.
Wir brauchen nirgendwo
anders hinzugehen.

Dies ist unser Zuhause.

Adressen

Spirituelles Zentrum von Thich Nhat Hanh
Plum Village
New Hamlet
13 Martineau
33580 Dieulivol, Frankreich
Tel.: 0033/5.56.61.66.88
Fax: 0033/5.56.61.61.51
www.plumvillage.org
E-Mail: NH-office@plumvillage.org

Übungszentren in Deutschland unter der Leitung von Lehrerinnen und Lehrern in der Übertragungslinie von Thich Nhat Hanh

EIAB – Europäisches Zentrum für angewandten Buddhismus
Schaumburgweg 3
51545 Waldbröl (bei Köln)
Tel.: 02291/90 71 37 3
www.eiab.eu
E-Mail: info@eiab.eu

Intersein Zentrum für Leben in Achtsamkeit
– Haus Maitreya –
Unterkashof 50
94545 Hohenau
Tel.: 08558/9202 52
Fax: 08558/9204 34
www.intersein-zentrum.de
E-Mail: post@intersein-zentrum.de

Quelle des Mitgefühls
Heidenheimer Str. 27
13467 Berlin
Tel.: 030/405 86 540
Fax: 030/405 86 541
www.quelle-des-mitgefuehls.de
E-Mail: quelledesmitgefuehls@web.de

Intersein
Zeitschrift für achtsames Leben in der Dhyâna-Tradition von Thich Nhat Hanh
Herausgeberin: Gemeinschaft für achtsames Leben Bayern GAL e.V.
www.intersein-zeitschrift.de

Maitreya Fonds
c/o Dr. Christian Käufl
Tiefenweg 11a
83661 Lenggries
Tel.: 08042/3736
Unser Spendenkonto:
Maitreya-Fonds e.V., Münchner Bank e.G.
Konto-Nr. 2520010, BLZ 70190000
www.maitreya-fonds.de
E-Mail: hilfe@maitreya-fonds.de

Quellennachweis

Die Texte dieses Buches sind Vorträgen von Thich Nhat Hanh aus den Jahren 2008 bis 2010 entnommen sowie seinen Büchern *Körper und Geist in Harmonie* (2008) und der deutschsprachigen Ausgabe des Bandes *A Pebble for Your Pocket* mit Übungen und Geschichten für Kinder und Erwachsene, die 2011 im Kösel-Verlag erscheint. Beide wurden übersetzt von Ursula Richard.
Die Text- und Bildauswahl für dieses Buch sowie die Übersetzung der Vorträge besorgte Heike Mayer.

Bildnachweis

Alle Bilder von Lothar Hennig

mit Ausnahme von
Woche 6: Heike Mayer
Woche 10, 19 und 40: Peter Müller
Woche 23: © Plum Village
Woche 25: Kalligraphie von Thich Nhat Hanh, © Intersein Zentrum, Hohenau
Woche 30: Otmar Tretter
Woche 36: Sibylle Meier

Lothar Hennig, Bildjournalist, Architekt und Reisender durchs Leben, lebt in München. Seine Fotos entstanden in den Jahren 2008 bis 2010 auf Reisen in Asien und Europa. www.lotharhennig.de

Thich Nhat Hanh, geboren 1926 in Vietnam, ist Mönch, Zen-Meister, Dichter, Friedensaktivist und Autor zahlreicher Bücher. Er ist Gründer der Van Hanh Universität für Buddhismus in Saigon und hat an der Columbia Universität und der Sorbonne gelehrt. Die Sanftheit und die liebevolle, alltagsnahe Sprache dieses großen buddhistischen Lehrers ziehen Menschen über alle kulturellen und religiösen Grenzen hinweg an. Er lebt in seinem Praxiszentrum Plum Village in Frankreich und bereist die ganze Welt, um die Kunst des achtsamen Lebens zu lehren.

»Thich Nhat Hanh schreibt mit der Stimme eines Buddha.«
Sogyal Rinpoche

Von Thich Nhat Hanh im Kösel-Verlag außerdem lieferbar:

Sei liebevoll umarmt
Achtsam leben jeden Tag
ISBN 978-3-466-30754-8

»Eine wunderbare spirituelle Einführung in das weltumspannende Denken eines wahrhaft großen Lehrers.«
Wolfgang Stanzick

Entdecke den Schatz in deinem Herzen
Geschichten und Übungen zur Achtsamkeit für Kinder
SBN 978-3-466-30903-0

»Dieses Buch ist das Juwel eines wahren spirituellen Meisters.«
Parenting With Spirit Magazine

Körper und Geist in Harmonie
Die Heilkraft buddhistischer Psychologie
ISBN 978-3-466-30813-2

»Ein erstklassiges Buch zur modernen buddhistischen Psychologie.«
Hozan Alan Senauke